EXPRESSKOCHEN VEGAN

Auf die Plätze, fertig, satt!

Autorin: Martina Kittler | Fotos: Anke Schütz

QUALITÄTS G|U GARANTIE

DIE GU-QUALITÄTS-GARANTIE

Wir möchten Ihnen mit den Informationen und Anregungen in diesem Buch das Leben erleichtern und Sie inspirieren, Neues auszuprobieren. Bei jedem unserer Bücher achten wir auf Aktualität und stellen höchste Ansprüche an Inhalt, Optik und Ausstattung. Alle Rezepte und Informationen werden von unseren Autoren gewissenhaft erstellt und von unseren Redakteuren sorgfältig ausgewählt und mehrfach geprüft. Deshalb bieten wir Ihnen eine 100 %ige Qualitätsgarantie.

Darauf können Sie sich verlassen:
Wir legen Wert darauf, dass unsere Kochbücher zuverlässig und inspirierend zugleich sind.
Wir garantieren:
- dreifach getestete Rezepte
- sicheres Gelingen durch Schritt-für-Schritt-Anleitungen und viele nützliche Tipps
- eine authentische Rezept-Fotografie

Wir möchten für Sie immer besser werden:
Sollten wir mit diesem Buch Ihre Erwartungen nicht erfüllen, lassen Sie es uns bitte wissen! Nehmen Sie einfach Kontakt zu unserem Leserservice auf. Sie erhalten von uns kostenlos einen Ratgeber zum gleichen oder ähnlichen Thema. Die Kontaktdaten unseres Leserservice finden Sie am Ende dieses Buches.

GRÄFE UND UNZER VERLAG
Der erste Ratgeberverlag – seit 1722.

INHALT

TIPPS UND EXTRAS

8 SNACKS & KLEINE SATTMACHER

SCHNELL WAS VEGANES!

Wenn es beim veganen Kochen fix gehen soll, kann man jede Hilfe brauchen. Mit modernen Produkten, Toprezepten und Zeitmanagement sparen Sie Zeit – und gewinnen viel Genuss.

Blitzküche und Lust auf veganen Genuss? Geht das zusammen? Aber ja! Jeder, der gerne kocht, braucht Rezepte, die schnell zubereitet sind – unkomplizierte Gerichte für jeden Tag, die den Alltag bereichern. Damit wir uns richtig verstehen: Auch vegane Blitzrezepte benötigen Zeit. Also, nicht einfach Tofuwürstchen raus aus der Packung, braten, fertig. Sondern richtig kochen. Dazu gehören passende Zutaten, praktisches Zubehör und die perfekte Zubereitung. Spätestens bei Tisch werden Sie merken: Genuss ist keine Frage der Zeit!

LUST AUF VEGANEN GENUSS

Egal, ob Sie strikt vegan kochen, es ausprobieren oder ab und zu »ohne Tier« genießen wollen: Es ist ganz einfach, sich rein pflanzlich zu ernähren und hat nichts mit kulinarischem Verzicht zu tun. Im Gegenteil: Sie gewinnen. Ihnen eröffnen sich neue aufregende Geschmackserlebnisse. Veganes schmeckt köstlich, ist ohne großen Aufwand zubereitet, leicht und gesund. Und ganz nebenbei profitieren davon auch noch Mensch, Tier und Umwelt. Als Vegan-Einsteiger brauchen Sie nur ein wenig Experimentierfreude und Lust auf Neues. Wenn Sie zum Beispiel am Herd stehen und eine Hollandaise ohne Ei aufschlagen. Oder im Bioladen Produkte wie Mandelmus oder getrocknete Goji-Beeren entdecken. Fleisch, Eier und Milchprodukte lassen sich leicht durch pflanzliche Alternativen ersetzen. Hafer-, Soja- und Reisdrinks oder Mandelmus bereichern den Speiseplan ebenso wie Tofu, Seitan und Lupinenfilet. Und ein Pfannkuchen gelingt mit angerührtem Stärke- oder Sojamehl auch ohne Ei. Wer Süßes liebt, kann Kokoscreme, Seidentofu-Desserts und Pudding naschen.

AUGEN AUF BEIM EINKAUF!

Schnell in den nächsten Bioladen um die Ecke laufen und vegane Produkte fürs Mittagessen kaufen? Das funktioniert. Inzwischen finden Sie auch im Supermarkt und Discounter zahlreiche Lebensmittel, die vegan sind – jegliches Gemüse, Obst und Getreide, Bulgur, Hirse, Glasnudeln, Brötchen, Brot

und Müslimischungen. Raschen Zugriff ermöglichen Produkte mit einem V-Label: Mit dem Vegan-Logo, zum Beispiel der Europäischen Vegetarier Union oder der Deutschen Veganen Gesellschaft, zeichnen Hersteller rein pflanzliche Produkte aus. Damit ist garantiert, dass sie keine tierischen Zutaten enthalten.
Ansonsten bleibt nur der Blick aufs Etikett. Das sagt bei Bioware häufig mehr aus, da Biohersteller sämtliche Inhaltsstoffe angeben müssen. Wenn Sie unsicher sind: Lesen Sie beim Einkauf die Zutatenliste auf der Packung genau, um »tierische Nebenprodukte« aufzuspüren. In konventioneller Margarine findet man des Öfteren Molke und »andere Bestandteile wie Milchfett«. Nicht vegane Zutaten verbergen sich unter anderen in Wein, Säften und E-Stoffen. Wer es genau wissen will, holt sich bei der Spurensuche am besten Hilfe aus dem Netz. Vegane Blogger und Teilnehmer von Foren teilen dort ihre Erfahrungen mit.

IM VORAUS CLEVER PLANEN

Um in 30 Minuten ein leckeres veganes Gericht aufzutischen, braucht man Rezepte wie auf den nächsten Seiten. Genauso wichtig ist es aber, sich im Vorfeld gut zu organisieren. Hier gebe ich Ihnen Tipps, wie Sie sich das vegane Leben erleichtern.

- Einkaufen mit Köpfchen: Besorgen Sie sich einmal in der Woche haltbare Produkte in einem Bioladen oder Supermarkt, in dem Sie möglichst alle Zutaten finden: Soja-, Mandel- und Reisdrinks, Sahneersatzprodukte, auch Sojajoghurt, Margarine und diverse Pflanzenöle. Oder Sie lassen sich beliefern: Sie gehen einfach ins Internet und suchen unter »Vegane Produkte« und bestellen online oder per Telefon. Schon ein oder zwei Tage später steht Ihre vegane Schatzkiste vor der Tür. Ein Superservice für Vielbeschäftigte!

- Lieblingsprodukte bunkern: Legen Sie einen Vorrat von Lebensmitteln an, die in der Küche wenig Arbeit machen: Gemüse und Obst in der Tiefkühltruhe, Dosen mit Tomaten, Hülsenfrüchten (Kichererbsen, Linsen, Bohnen) und Mais im Vorratsschrank. Auch Pasta und Asia-Nudeln (ohne Ei!), Grieß, Flocken, Reis, Bulgur, Hirse, Trockenfrüchte, Nüsse und Kerne sollten trocken gelagert werden. Tofu, Tempeh und Seitan halten sich im Vakuumpack mindestens vier Wochen im Kühlschrank. Auf das Mindesthaltbarkeitsdatum achten!
- Klug planen: Stellen Sie alle Zutaten bereit, bevor Sie loslegen. Dann geht die Arbeit flotter von der Hand. Beim Schneiden heißt es: eher große Stücke als Würfelchen und möglichst oft den Stabmixer, Blitzhacker und Handgeräte wie Gemüsehobel oder Spiralschneider einsetzen. Sie helfen im Turbotempo beim Schneiden, Mixen und Pürieren.

VEGANE BASICS

Vegan kochen – nichts leichter als das! Im Bioladen und gut sortierten Supermarkt gibt es eine reichhaltige Palette an pflanzlichen Produkten. Sie haben die Wahl!

1 ÖLE UND FETTE

Der Austausch von Butter ist einfach: Mit rein pflanzlicher Margarine, Kakaobutter oder Kokosfett lassen sich Speisen anbraten, dünsten und backen. Natürlich eignen sich auch Pflanzenöle wie Oliven-, Raps- und Erdnussöl.

2 PFLANZENMILCH

Im gut sortierten Supermarkt und im Bioladen gibt es viele Alternativen zu Kuh-, Schafs- oder Ziegenmilch: Soja-, Reis-, Dinkel-, Hafer-und Hanfdrinks. Sie ersetzen die Milch im Müsli, beim Kochen oder Backen und im Kaffee. Mandel- und Kokosdrinks haben einen starken Eigengeschmack und sind eher für Süßspeisen und Desserts verwendbar.

3 PFLANZENSAHNE

Pflanzliche Sahne aus Soja, Hafer, Reis oder Kokos ist perfekt zum Verfeinern und Andicken. Soll ein Sahnetupfer das Dessert krönen? Dann nehmen Sie eine Vegansahne, die sich aufschlagen lässt.

4 SOJAJOGHURT

Mittlerweile hat fast jeder Supermarkt Sojajoghurt im Kühlregal stehen, naturbelassen oder mit Fruchtzusätzen. Erst testen: Manche Naturjoghurts schmecken nicht neutral, sondern leicht süßlich.

5 TOFU, SEITAN & CO.

Bei der Suche nach Fleischalternativen stößt man schnell auf Tofu. Der wird aus Sojabohnen gemacht und findet sich in der Kühltheke von Bioläden in vielen Geschmacksrichtungen und unterschiedlicher Konsistenz. Weitere eiweißreiche Produkte finden Sie in der Umschlagsklappe vorne. Alles bekommt man heute in Bio-Qualität, ebenso Fertigprodukte – von der Bratwurst über Schnitzel bis hin zu wurstähnlichen Aufstrichen.

6 ALTERNATIVE SÜSSUNGSMITTEL

Wer auf weißen Zucker verzichten möchte und ein neutrales Süßungsmittel sucht, ist mit Agavendicksaft gut bedient. Mehr Eigengeschmack haben Ahornsirup und Dattelsirup. Probieren sollte man unbedingt auch Dicksäfte aus Äpfeln oder Birnen sowie Zuckerrüben- oder Reissirup.

7 BINDEMITTEL

Zur Gelatine aus tierischem Protein gibt es Alternativen: Agar-Agar aus Rotalgen oder Apfelpektin. Damit gelingen Pudding, Tortenguss und Marmelade. Praktisch: Guarkern-, Pfeilwurz- oder Johannisbrotkernmehl binden sowohl warme als auch kalte Suppen und Saucen. Sparsam dosieren!

8 NUSS- UND MANDELMUS

Die cremige Paste aus Haselnüssen, Erdnüssen, Mandeln, Cashewkernen, Sesamsamen oder Erdmandeln ist in der veganen Blitzküche ein Muss. Sie macht Suppen und Saucen wunderbar sämig und gibt Desserts, Süßspeisen und Dressings einen feinnussigen Kick. Und schmeckt auch pur!

1
2
3
4
5
6
7
8

SNACKS & KLEINE SATTMACHER

In der Eile auf einen Zwischendurch-Happen verzichten? Nicht doch! Wir haben tolle Vegan-Ideen für den kleinen Hunger. Mit Wraps, Aufstrichen, Frikadellen und anderen Leckerbissen machen Sie allen eine Freude – und am meisten sich selbst.

GEMÜSE-WRAPS MIT LUPINENFILET

Eine originelle Rolle to go – für die Mittagspause oder zum Picknick: Scharfe Erbsen-Minze-Creme wird mit Paprika, Frühlingszwiebeln und Lupinenfilet in Tortillas eingewickelt.

200 g TK-Erbsen
1 frische rote Chilischote
6 Stiele Minze
4 EL Sojasahne
Salz | Pfeffer
1 rote Paprikaschote
2 Frühlingszwiebeln
50 g Alfalfa- oder Radieschensprossen
4 Weizen-Soft-Tortillas (Fertigprodukt; ∅ 24 cm)
200 g Lupinenfilet
1 EL Öl
Holzstäbchen

Bunt und knackig

Für 4 Personen |
25 Min. Zubereitung
Pro Portion ca. 355 kcal,
21 g EW, 11 g F, 41 g KH

1 Den Ofen auf 80° vorheizen. Erbsen mit kochendem Wasser übergießen und ca. 5 Min. ziehen lassen, abgießen und abtropfen lassen. Inzwischen Chili längs aufschneiden, entkernen, waschen und fein würfeln. Minze abbrausen, trocken schütteln, Blätter abzupfen und in feine Streifen schneiden. Erbsen und Sojasahne fein pürieren, Chili und Minze unterrühren, salzen und pfeffern.

2 Die Paprikaschote halbieren, putzen, waschen und in feine Streifen schneiden. Die Frühlingszwiebeln putzen, waschen und in dünne Scheiben schneiden. Die Sprossen heiß abbrausen und abtropfen lassen. Die Tortillafladen auf einem Rost im heißen Ofen ca. 8 Min. erwärmen, damit sie sich besser rollen lassen.

3 Inzwischen das Lupinenfilet erst in Scheiben, dann in feine Streifen schneiden.Die Lupinenstreifen in einer Pfanne im heißen Öl bei mittlerer Hitze unter Wenden ca. 2 Min. braten.

4 Die Tortillas mit der Erbsencreme bestreichen, dabei rundherum einen fingerbreiten Rand frei lassen. Lupinenstreifen, Paprika, Frühlingszwiebeln und Sprossen darauf verteilen, die Wraps von der Seite her aufrollen und mit Holzstäbchen feststecken.

VARIANTE

WRAPS MIT COLE-SLAW
200 g Spitzkohl putzen, waschen, in feine Streifen schneiden. Mit 1 TL Salz bestreuen und mit den Händen kräftig kneten. Für das Dressing 1 EL Essig mit 100 ml Sojasahne, 1 EL Öl, Salz und Pfeffer verrühren. Kohl ausdrücken und untermischen. Tortillas wie beschrieben erwärmen. Mit je 1–2 Salatblättern belegen, Cole-Slaw darauf verteilen und die Wraps aufrollen und feststecken.

TOFU-ROSSO-AUFSTRICH

80 g Walnusskerne | 100 g getrocknete, in Öl eingelegte Tomaten mit 2 EL Einlegeöl | 100 g Tofu natur | 2 EL Tomatenmark | 2 – 3 TL Aceto balsamico | 4 Basilikumblätter | 1 TL edelsüßes Paprikapulver | Salz | Pfeffer

Mit Nuss-Aroma

Für 4 Personen | 15 Min. Zubereitung
Pro Portion ca. 320 kcal, 6 g EW, 31 g F, 4 g KH

1 Die Nüsse in einer Pfanne ohne Fett kurz rösten. Vom Herd nehmen, abkühlen lassen, dann grob hacken. Tomaten abtropfen lassen, in Streifen schneiden. Tofu grob würfeln. Nüsse, Tomaten, Tofu, Tomatenmark, 2 – 3 EL Tomateneinlegeöl und Essig in den Blitzhacker oder ein hohes Rührgefäß geben. Alles zu einer glatten Creme pürieren.

2 Die Basilikumblätter abreiben und fein hacken, mit Paprikapulver unter die Creme rühren. Den Aufstrich mit Salz und Pfeffer kräftig abschmecken. Er passt zu knusprigem Baguette oder Ciabatta und auf Vollkornbrot. In einem verschlossenen Glas im Kühlschrank hält er sich 3 – 4 Tage.

KRÄUTER-CASHEW-PASTE

Je ½ Bund Petersilie und Schnittlauch | 1 Schalotte | 150 g Seidentofu | 2 EL Sojasahne | 2 EL Olivenöl | 1 TL scharfer Senf | 2 TL Zitronensaft | 1 TL pflanzliches Bindemittel (z. B. Guarkernmehl) | Salz | Pfeffer | 2 EL gehackte Cashewkerne

Leicht und würzig

Für 4 Personen | 20 Min. Zubereitung
Pro Portion ca. 105 kcal, 3 g EW, 9 g F, 3 g KH

1 Die Kräuter abbrausen und trocken schütteln. Die Petersilie abzupfen und fein hacken, den Schnittlauch in Röllchen schneiden. Die Schalotte schälen und in kleine Würfel schneiden.

2 Den Seidentofu abgießen. Mit Sojasahne, Öl, Senf, Zitronensaft und Bindemittel mit dem Stabmixer pürieren. Salzen und pfeffern. Die Kräuter bis auf 1 EL, Schalottenwürfel und Cashewkerne untermischen, kräftig abschmecken. Mit den übrigen Kräutern bestreuen. Der Aufstrich schmeckt mit Roggenbrot. Er hält sich in einem verschlossenen Glas im Kühlschrank 2 – 3 Tage.

MÖHREN-HUMMUS

300 g Möhren | Salz | 100 g Kichererbsen (Dose) | 1 Knoblauchzehe | 2 EL Olivenöl | 2 EL Zitronensaft | 2 EL Tahin (Sesampaste) | ½ TL gemahlener Kreuzkümmel | 1 TL rosenscharfes Paprikapulver

Schmeckt nach Orient

Für 4 Personen | 20 Min. Zubereitung
Pro Portion ca. 115 kcal, 3 g EW, 8 g F, 6 g KH

1 Möhren schälen und würfeln. In einem kleinen Topf mit Salzwasser bedeckt bei mittlerer Hitze zugedeckt ca. 7 Min. dünsten. Inzwischen Kichererbsen in einem Sieb kalt abbrausen und abtropfen lassen. Knoblauch schälen und grob hacken.

2 Möhren abgießen, abtropfen lassen und in ein hohes Rührgefäß geben. Kichererbsen, Knoblauch, Öl und Zitronensaft zufügen und alles mit dem Stabmixer zu einer feinen Paste pürieren. Mit dem Tahin verrühren und mit Salz und Kreuzkümmel abschmecken. Mit Paprikapulver bestreut servieren. Dazu schmeckt Fladenbrot. Der Aufstrich hält sich in einem Schraubglas gekühlt 2 – 3 Tage.

MARONEN-GEMÜSE-AUFSTRICH

1 Zwiebel | 1 Knoblauchzehe | 70 g TK-Suppengrün | 2 EL Öl | 5 EL Gemüsebrühe | 200 g gegarte Maronen (vakuumverpackt) | 5 EL Sojasahne | 1 TL Aceto balsamico | Salz | Pfeffer | 3 Stiele Majoran

Fein im Herbst

Für 4 Personen | 25 Min. Zubereitung
Pro Portion ca. 140 kcal, 2 g EW, 8 g F, 15 g KH

1 Die Zwiebel und den Knoblauch schälen und fein würfeln. Zwiebel, Knoblauch und Suppengrün im heißen Öl ca. 2 Min. andünsten. Mit der Brühe aufgießen und alles bei mittlerer Hitze offen ca. 5 Min. dünsten, bis die Flüssigkeit fast verdampft ist. Etwas abkühlen lassen.

2 Inzwischen Maronen grob hacken, mit der Sojasahne in einem hohen Rührgefäß glatt pürieren. Gemüse untermischen, mit Essig, Salz und Pfeffer würzen. Majoran abbrausen, trocken schütteln, Blätter abzupfen, fein hacken und untermischen. Dazu schmeckt Nussbrot. Der Aufstrich hält sich in einem Twist-Off-Glas gekühlt 4 – 5 Tage.

AVOCADO-CROSTINI MIT GOMASIO

2 EL Sesamsamen | ½–1 TL Pul biber (scharfe Paprikaflocken) | Meersalz | 200 g Ciabatta | 2–3 EL Olivenöl | 1 reife Avocado | 1 EL Zitronensaft | 125 g Seidentofu | 1 Knoblauchzehe | Pfeffer | 3 Frühlingszwiebeln

Sesamwürzig

Für 4 Personen | 30 Min. Zubereitung
Pro Portion ca. 350 kcal, 8 g EW, 25 g F, 25 g KH

1 Für das Gomasio den Sesam in einer beschichteten Pfanne ohne Fett unter Rühren bei mittlerer Hitze goldbraun rösten. Pul biber und 1 TL Meersalz zufügen und beides kurz mitrösten. Sesam-Mix vom Herd nehmen und etwas abkühlen lassen, dann im Mörser grob zerkleinern.

2 Das Ciabatta-Brot in 12 dünne Scheiben schneiden und mit dem Öl beträufeln. In zwei Portionen in einer großen beschichteten Pfanne bei mittlerer Hitze auf beiden Seiten hellbraun rösten.

3 Inzwischen die Avocado halbieren, den Stein herauslösen, das Fruchtfleisch aus den Schalen heben und würfeln. Sofort mit dem Zitronensaft mischen. Seidentofu abgießen. Den Knoblauch schälen, fein hacken und mit Avocado und Seidentofu verrühren. Mit Meersalz und Pfeffer würzen. Die Frühlingszwiebeln putzen, waschen und das Weiße und Hellgrüne in Ringe schneiden. Den Avocado-Mix auf den Broten verteilen und mit Chili-Gomasio und Frühlingszwiebeln bestreuen.

TIPP

Gomasio schmeckt auch als Würze in Suppen, Saucen oder Gemüsegerichten. Am besten gleich mehr davon zubereiten und in einem Glas gut verschlossen aufbewahren.

AUBERGINEN-BRUSCHETTA

1 kleines Fladenbrot (ca. 250 g) | 1 Aubergine (ca. 300 g) | Salz | 1 Zwiebel | 1 Knoblauchzehe | 2 TL getrocknete italienische Kräuter | 4 EL Olivenöl | 1 Dose stückige Tomaten (200 g) | Pfeffer | 1–2 TL Dattel- oder Ahornsirup | 2 TL Zitronensaft | 1 EL gehackte Mandelkerne

Auch als Vorspeise

Für 4 Personen | 30 Min. Zubereitung
Pro Portion ca. 290 kcal, 8 g EW, 12 g F, 38 g KH

1 Den Backofen auf 250° oder den Ofengrill vorheizen. Das Fladenbrot in acht Scheiben schneiden und auf ein Blech legen. Im heißen Ofen oder unter dem Grill (unten) in 4–5 Min. goldbraun rösten.

2 Inzwischen die Aubergine waschen, vom Stielansatz befreien und in kleine Würfel schneiden, salzen. Zwiebel und Knoblauch schälen, in grobe Würfel schneiden und mit den italienischen Kräutern im Blitzhacker zerkleinern.

3 In einer großen Pfanne 2 EL Öl erhitzen. Auberginenwürfel mit Küchenpapier gut trocken tupfen, mit der Kräutermischung in die Pfanne geben und bei starker Hitze unter Rühren ca. 3 Min. hellbraun anbraten. Die Tomaten dazugeben und alles 1–2 Min. einkochen lassen. Mit Salz, Pfeffer, Sirup und Zitronensaft würzen. Die gerösteten Brote mit dem übrigen Öl beträufeln und die Auberginen darauf verteilen. Mit den Mandeln bestreut servieren.

TIPP

Für einen Schärfe-Kick zusätzlich noch ½ frische rote Chilischote putzen, entkernen und mit Zwiebel, Knoblauch und Kräutern im Blitzhacker zerkleinern.

GLASIERTER TEMPEH AUF GLASNUDELN

Ein wenig Asia-Feeling auf die Schnelle? Bitte sehr: Ingwer und Chilisauce geben dem »Sojabohnenkäse« Schärfe, Sirup und Ananas verleihen den Nudeln leichte Süße.

1 Stück Ingwer (ca. 20 g)
2 EL Chilisauce
4 EL Sojasauce
1 EL Dattelsirup (ersatzweise Agavensirup)
2 EL Limettensaft
200 g Tempeh
100 g Glasnudeln
1 rote Paprikaschote
1 Bund Frühlingszwiebeln
1 Dose Ananasstücke (140 g Abtropfgewicht)
4 Stiele Koriandergrün
5 EL Öl
2 TL dunkles Sesamöl

Einfach ein Genuss

Für 4 Personen | 30 Min. Zubereitung
Pro Portion ca. 325 kcal, 12 g EW, 14 g F, 35 g KH

1 Den Ingwer schälen und fein reiben. Mit Chilisauce, Sojasauce, Dattelsirup und Limettensaft verrühren. Den Tempeh in acht dünne Scheiben schneiden, in eine flache Schale legen und mit der Marinade übergießen. Zugedeckt ca. 10 Min. marinieren.

2 Inzwischen die Glasnudeln nach Packungsangabe mit kochend heißem Wasser übergießen und quellen lassen. Dann in einem Sieb gut abtropfen lassen und mit einer Schere in mundgerechte Stücke schneiden.

3 Währenddessen die Paprika halbieren, putzen, waschen und in feine Streifen schneiden. Frühlingszwiebeln putzen, waschen und das Weiße und Hellgrüne in dünne Ringe schneiden. Die Ananasstücke in einem Sieb abtropfen lassen. Das Koriandergrün abbrausen, trocken schütteln und die Blätter abzupfen.

4 In einer großen Pfanne 2 EL Öl erhitzen. Die Tempehscheiben aus der Marinade heben (Marinade beiseitestellen), kurz abtropfen lassen und im heißen Fett bei mittlerer Hitze auf jeder Seite 1–2 Min. braten. Herausnehmen und zugedeckt warm halten. Das übrige Öl und das Sesamöl in der Pfanne erhitzen und das Gemüse darin unter Rühren 1–2 Min. scharf anbraten. Ananas und Glasnudeln dazugeben, alles mit der Tempeh-Marinade ablöschen und gut mischen. Die Gemüsenudeln anrichten, Tempeh daraufsetzen und mit Koriander bestreuen.

TIPP **Tofu bietet sich als Alternative zu Tempeh an – sehr gut passt hier zum Beispiel geräucherter Sesam-Mandel-Tofu. Für das Topping dann geröstete Sesamsamen anstelle von Koriandergrün verwenden.**

LINSEN-LAUCH-FRIKADELLEN

1 Stange Lauch (ca. 300 g) | 4 EL Öl | 250 g mehligkochende Kartoffeln | 150 g Linsen (Dose) | 2 EL Mohnsamen | 50 g zarte Haferflocken | 4 EL Kichererbsenmehl | 1 TL Currypulver | Salz | Pfeffer | 200 g Sojajoghurt | 2 EL Hafer- oder Sojasahne | 2 EL Limettensaft | ½ Bund Schnittlauch

Mit feiner Mohnnote

Für 4 Personen | 30 Min. Zubereitung
Pro Portion ca. 300 kcal, 11 g EW, 15 g F, 29 g KH

1 Den Lauch putzen, längs aufschneiden, gründlich waschen und die weißen und hellgrünen Teile in feine Würfel schneiden. In einer Pfanne 1 EL Öl erhitzen und den Lauch darin bei mittlerer Hitze ca. 4 Min. dünsten. Inzwischen die Kartoffeln schälen und fein reiben. Die Linsen in ein Sieb abgießen und abtropfen lassen.

2 Linsen, Lauch, Kartoffeln, Mohn, Haferflocken und Kichererbsenmehl in einer Schüssel gut mischen. Mit Curry, Salz und Pfeffer kräftig würzen. Aus der Linsenmasse mit angefeuchteten Händen acht Frikadellen formen.

3 In einer großen beschichteten Pfanne das übrige Öl erhitzen und die Frikadellen darin bei mittlerer Hitze auf jeder Seite ca. 4 Min. braten. Inzwischen den Sojajoghurt mit Hafer- oder Sojasahne verrühren und mit Limettensaft, Salz und Pfeffer würzen. Den Schnittlauch abbrausen, trocken schütteln und in feine Röllchen schneiden, dann unter den Dip rühren.

4 Die Linsen-Lauch-Frikadellen nach dem Braten auf Küchenpapier kurz abtropfen lassen und mit je 1 Klecks Schnittlauchcreme anrichten. Den übrigen Dip dazu servieren.

OFENZUCCHINI MIT KÜRBISKERN-DIP

750 g kleine Zucchini | 2 EL Olivenöl | 1 EL Zitronensaft | Salz | Pfeffer | 1 Bund Basilikum | 60 g Kürbiskerne | 50 g weißes Mandelmus | 50 ml Gemüsebrühe | 2 EL Kürbiskernöl | 200 g Kirschtomaten

Saftiges Vergnügen

Für 4 Personen | 30 Min. Zubereitung
Pro Portion ca. 275 kcal, 9 g EW, 22 g F, 9 g KH

1 Den Backofen auf 220° vorheizen. Die Zucchini putzen und waschen. Anschließend der Länge nach in knapp 1 cm dicke Scheiben schneiden. Die Zucchinischeiben in einer Schüssel mit dem Olivenöl und dem Zitronensaft gut mischen und auf einem Backblech ausbreiten. Die Scheiben mit Salz und Pfeffer würzen und im heißen Ofen (Mitte) ca. 10 Min. backen. Dann herausnehmen und auf dem Blech bis zum Servieren warm halten.

2 Inzwischen die Basilikumblätter abzupfen und abreiben. Einige Blätter beiseitestellen, das übrige Basilikum mit 50 g Kürbiskernen, Mandelmus, Brühe und Kürbiskernöl in den Blitzhacker oder ein hohes Rührgefäß geben und fein pürieren. Salzen und pfeffern.

3 Die Kirschtomaten waschen, je nach Größe halbieren oder vierteln. Die gebackenen Zucchinischeiben anrichten und den Dip darüberträufeln. Mit Kirschtomaten und übrigen Kürbiskernen bestreuen, mit dem restlichen Basilikum garnieren. Als Beilage passt Ciabatta oder Baguette.

TIPP

Greifen Sie zu, wenn gerade gelbe Zucchini im Angebot sind. Und kombinieren Sie diese mit den grünen: So bunt und appetitlich wird der Snack garantiert ein Sommer-Hit!

FEINE SALATE & SUPPEN

Schnell angemacht oder gekocht verwöhnen sie Feinschmecker und toppen dabei Bekanntes mit bestem Geschmack: Salate und Carpaccio mit Tofu, Miso-Suppe und Gemüsecreme. Noch mehr: Mit Vegan-Zutaten überraschen Sie sogar »eingefleischte« Genießer.

BLATTSALAT MIT SEIDENTOFU-DRESSING

Sommerlich frische Mischung mit Gegensätzen: knackige Blattsalate mit gebratenen Kräuterseitlingen und Weißbrot-Croûtons, obenauf ein wunderbar cremiges Schnittlauchdressing.

400 g Seidentofu
5–6 EL Rotweinessig
Salz | Pfeffer
6 EL Olivenöl
½ Bund Schnittlauch
1 EL Hefeflocken
2 Kräuterseitlinge
1 Knoblauchzehe
100 g Weißbrot (z. B. Ciabatta)
2 Mini-Römersalate (ca. 300 g)
1 Bund Rucola
250 g Kirschtomaten

Caesar salad all'italiana

Für 4 Personen |
30 Min. Zubereitung
Pro Portion ca. 280 kcal,
11 g EW, 18 g F, 18 g KH

1 Den Seidentofu abgießen und in ein hohes Rührgefäß geben. 3–4 EL Essig, Salz, Pfeffer und 4 EL Öl dazugeben und alles mit dem Stabmixer fein pürieren. Den Schnittlauch abbrausen, trocken schütteln, in Röllchen schneiden und mit den Hefeflocken unterrühren. Das Dressing zugedeckt kühl stellen.

2 Die Kräuterseitlinge putzen, bei Bedarf mit einem Tuch abreiben, längs halbieren und quer in 1 cm breite Scheiben schneiden. Den Knoblauch schälen und fein würfeln. In einer großen beschichteten Pfanne 1 EL Öl erhitzen, die Pilzscheiben hineinlegen und bei mittlerer Hitze ca. 2 Min. braten. Inzwischen die Rinde vom Weißbrot entfernen und das Brot in Würfel schneiden. Die Pilze umdrehen, dann Brotwürfel, Knoblauch und 1 EL Öl dazugeben und alles noch 2–3 Min. braten, bis die Croûtons goldbraun sind. Anschließend die Pfanne vom Herd nehmen.

3 Inzwischen Römersalat und Rucola putzen, abbrausen, trocken schütteln und in mundgerechte Stücke zupfen. Die Tomaten waschen und halbieren. Salate, Rucola und Tomaten mit übrigem Essig, Salz und Pfeffer gut mischen und auf Tellern anrichten. Das Tofudressing darüberträufeln. Die gebratenen Pilze und Croûtons auf dem Salat verteilen und sofort servieren.

TIPP **Der zarte Seidentofu ist ideal für kalte Saucen und Dips: Er hat einen hohen Wassergehalt und eine besonders weiche Konsistenz. Daher kann man ihn gut pürieren und statt Mayonnaise für ein Dressing verwenden. Es lässt sich vielfältig abwandeln: zum Beispiel mit Senf, Meerrettich, Ajvar oder Kräutern, mit Zitronensaft und -schale als Remoulade oder mit Curry, Ingwer und Sojasauce als Asia-Variante.**

KOHLRABI-TOFU-CARPACCIO

2 EL Pinienkerne | 1 Bund Basilikum | 1 kleine Knoblauchzehe | 4 EL Gemüsebrühe | 1 EL Zitronensaft | 4 EL Olivenöl | Salz | Pfeffer | 2 zarte Kohlrabi | 3 Frühlingszwiebeln | 200 g Tofu rosso (mit Tomaten)

Basilikumfrisch

Für 4 Personen | 25 Min. Zubereitung
Pro Portion ca. 260 kcal, 11 g EW, 22 g F, 6 g KH

1 Die Pinienkerne in einer Pfanne ohne Fett goldbraun anrösten, vom Herd nehmen und abkühlen lassen. Inzwischen die Basilikumblätter abzupfen, abreiben und bis auf ein paar Blätter zum Garnieren grob hacken. Die Knoblauchzehe schälen und hacken. Pinienkerne, Basilikum und Knoblauch mit Brühe, Zitronensaft und Öl in den Blitzhacker geben und alles kurz und kräftig zerkleinern. Das Pesto mit Salz und Pfeffer abschmecken.

2 Kohlrabi putzen, schälen und in dünne Scheiben schneiden oder auf der Rohkostreibe hobeln. Frühlingszwiebeln putzen, waschen und weiße und hellgrüne Teile in feine Scheiben schneiden.

3 Vier Teller mit etwas Pesto bestreichen, Kohlrabischeiben darauf auslegen und mit den Frühlingszwiebeln bestreuen. Das übrige Pesto darüberträufeln. Den Tofu grob zerbröckeln und obenauf streuen. Mit dem restlichen Basilikum garnieren. Dazu schmeckt am besten Stangenweißbrot.

TIPP

Versuchen Sie das Carpaccio auch mal als Belag auf Brötchen. Dafür Kohlrabischeiben im Pesto wenden, kurz ziehen lassen und die unteren Brötchenhälften damit belegen. Tofu rosso in Scheiben schneiden, auf dem Kohlrabi verteilen, die oberen Brötchenhälften auflegen.

ROTKOHL-ORANGEN-SALAT

½ Kopf Rotkohl (ca. 500 g) | Salz | 1 kleine rote Zwiebel | 2 Orangen | 3 getrocknete Soft-Feigen | 3–4 EL Rotweinessig | 2 TL scharfer Senf | 2 EL Walnussöl | 3 EL Olivenöl | Pfeffer | 50 g Walnusskerne | ½ Bund Petersilie

Mit süßscharfem Touch

Für 4 Personen | 30 Min. Zubereitung
Pro Portion ca. 255 kcal, 4 g EW, 21 g F, 12 g KH

1 Vom Kohl die äußeren Blätter entfernen, die Kohlhälfte längs dritteln und den Strunk herausschneiden. Die Spalten in sehr feine Streifen schneiden oder mit der Rohkostreibe hobeln. In einer Schüssel mit 1 TL Salz bestreuen und mit den Händen ca. 5 Min. fest durchkneten, damit das Kraut möglichst zart wird. Dann die Zwiebel schälen und fein würfeln. 1 Orange mit der weißen Haut schälen, vierteln und in Scheiben schneiden.

2 Die zweite Orange auspressen. Die Feigen, den Orangensaft und den Essig in ein hohes Rührgefäß geben und mit dem Stabmixer fein pürieren. Senf, Walnuss- und Olivenöl zufügen und alles kurz untermixen. Das Dressing mit Salz und Pfeffer abschmecken, dann mit den Kohlstreifen, Zwiebel und Orangenscheiben gut durchmischen.

3 Die Nüsse grob hacken und in einer Pfanne ohne Fett bei mittlerer Hitze goldbraun rösten. Währenddessen Petersilie abbrausen, trocken schütteln, Blätter abzupfen und fein hacken. Nüsse und Petersilie zum Servieren auf den Salat streuen.

TIPP

Probieren Sie den Salat auch mal mit Weißkohl, Spitzkohl oder Chinakohl statt Rotkohl. Chinakohl muss man nicht vorher salzen und durchkneten – das spart noch etwas Zeit.

LINSENSALAT MIT RÄUCHERTOFU-CHIPS

Der fruchtig-würzige Salat mit Äpfeln und roten Linsen ist knackfrisch, Rapsöl macht ihn herrlich nussig und krosser Räuchertofu on top sorgt für Extrageschmack – einfach genial!

200 g rote Linsen
Salz
200 g Salatmischung (z. B. Feldsalat, Radicchio, Pflücksalat; Kühlregal)
1 Bund Frühlingszwiebeln
1 grüner Apfel
6 EL Apfelessig
Pfeffer
2 EL Apfeldicksaft
100 ml Gemüsebrühe
4 EL kalt gepresstes Rapsöl
200 g Räuchertofu
1 EL Olivenöl
50 g Alfalfa-Sprossen

Vitaminbombe

Für 4 Personen | 30 Min. Zubereitung
Pro Portion ca. 395 kcal, 24 g EW, 19 g F, 31 g KH

1 Die Linsen in kochendes Salzwasser geben und bei milder Hitze zugedeckt 7 – 8 Min. garen. Dann in ein Sieb abgießen, kalt abschrecken und sehr gut abtropfen lassen.

2 Inzwischen die Salatmischung verlesen, abbrausen und trocken schleudern. Die Frühlingszwiebeln putzen, waschen und das Weiße und Hellgrüne in Ringe schneiden. Den Apfel waschen, achteln, entkernen und quer in dünne Scheiben schneiden.

3 Den Essig mit Salz, Pfeffer, Apfeldicksaft, Brühe und Rapsöl in einer kleinen Schüssel verquirlen. Die Salatmischung auf vier Teller verteilen. Linsen, Frühlingszwiebeln und Apfel mischen und obenauf setzen. Die Vinaigrette über den Salat träufeln.

4 Den Tofu trocken tupfen und quer in sehr dünne Scheiben schneiden. Das Olivenöl in einer beschichteten Pfanne erhitzen und die Tofuscheiben darin bei mittlerer bis starker Hitze auf beiden Seiten in ca. 2 Min. goldbraun braten. Herausnehmen und auf dem Salat anrichten. Die Sprossen kurz abbrausen, abtropfen lassen und zum Schluss darüberstreuen.

TIPP **Haben Sie mal Lust auf andere Früchte? Ich kombiniere Linsen auch sehr gerne mit Orangen: Die Früchte filetiere ich und verwende den abgetropften Saft für die Vinaigrette. Auch Birnen oder im Sommer Aprikosen bieten sich als fruchtige Alternative zum Apfel an. Den Feldsalat ersetze ich dann durch Portulak oder Rucola.**

BULGURSALAT MIT SCHARFEN MÖHREN

Jedem sein Möhrchen! Scharf würzig mit Koriander und Pul biber, dazu in Tomatensaft gegarter Bulgur mit Paprika und Kräutern – so werden Sie leicht und lecker satt.

¼ l Tomatensaft
¼ l Gemüsebrühe
200 g Weizenbulgur
1 Bund Bundmöhren (ca. 800 g)
8 EL Olivenöl
2 TL Korianderkörner
Salz | Pfeffer
je 1 rote und gelbe Paprikaschote
1 Bund Schnittlauch
½ Bund Petersilie
4 EL Zitronensaft
2 EL Ahornsirup
½–1 TL Pul biber (scharfe Paprikaflocken)

Auch zum Mitnehmen

Für 4 Personen | 30 Min. Zubereitung
Pro Portion ca. 445 kcal, 9 g EW, 21 g F, 50 g KH

1 In einem Topf den Tomatensaft und die Brühe aufkochen. Den Bulgur einrieseln lassen und kurz umrühren (Bild 1). Dann den Bulgur bei kleiner Hitze zugedeckt 10 – 12 Min. quellen lassen. Falls die Flüssigkeit nicht vollständig aufgesogen wird, den Bulgur nach der Quellzeit abgießen.

2 Inzwischen die Möhren putzen, das Grün bis auf einen kleinen Stiel abschneiden und beiseitestellen. Die Möhren unter fließend kaltem Wasser abbürsten und längs halbieren. 4 EL Öl in einer großen beschichteten Pfanne erhitzen und die Möhren darin bei mittlerer Hitze rundherum 2 – 3 Min. anbraten (Bild 2). Die Korianderkörner zerdrücken, zufügen. Mit Salz und Pfeffer würzen. 100 ml Wasser angießen und die Möhren zugedeckt bei mittlerer Hitze ca. 7 Min. dünsten.

3 Währenddessen die Paprikaschoten vierteln, putzen, waschen und klein würfeln. Den Schnittlauch abbrausen, trocken schütteln und in Röllchen schneiden. Die Petersilie abbrausen, trocken schütteln, die Blätter abzupfen und grob hacken. Paprika und Kräuter mit dem Bulgur, Zitronensaft und übrigem Öl mischen (Bild 3). Mit Salz und Pfeffer würzen.

4 Den Sirup unter die Möhren rühren und alles offen bei milder Hitze noch ca. 2 Min. kochen lassen. Zuletzt mit Pul biber bestreuen. Die Möhren mit dem Bulgursalat anrichten.

TIPP **Zur Abwechslung ersetze ich den Bulgur auch gerne durch Quinoa. Aber Achtung: Das winzige Inka-Korn gart länger als der Weizenschrot. Planen Sie ca. 20 Min. Quellzeit ein.**

1
2
3

RATATOUILLESUPPE

1 Zwiebel | 2 Knoblauchzehen | 200 g Zucchini | je 1 rote und gelbe Paprikaschote | 2 EL Olivenöl | 1 EL Tomatenmark | ½ l Tomatensaft | ½ l Gemüsefond (Glas) oder Gemüsebrühe | Salz | Pfeffer | 1 TL getrocknete Kräuter der Provence | 2 Tomaten | ½ Bund Basilikum | 100 ml Sojasahne

Mit Sahne-Topping

Für 4 Personen | 30 Min. Zubereitung
Pro Portion ca. 146 kcal, 4 g EW, 10 g F, 9 g KH

1 Zwiebel und Knoblauch schälen und fein würfeln. Die Zucchini putzen, waschen und in 1 cm große Würfel schneiden. Paprika halbieren, putzen, waschen und ebenfalls klein würfeln.

2 In einem Topf das Öl erhitzen und Zwiebel, Knoblauch, Zucchini und Paprika darin unter Rühren 2 – 3 Min. dünsten. Das Tomatenmark einrühren und kurz mit anschwitzen. Dann das Gemüse mit Tomatensaft und Fond oder Brühe aufgießen, aufkochen und mit Salz, Pfeffer und Kräutern würzen. Das Gemüse zugedeckt bei milder Hitze 7 – 10 Min. garen lassen.

3 Inzwischen die Tomaten waschen, vierteln und in kleine Würfel schneiden, dabei Kerne und Stielansätze entfernen. Basilikumblätter abzupfen, abreiben und grob hacken.

4 Die Suppe vom Herd nehmen, mit dem Stabmixer grob pürieren – es dürfen noch Stückchen zu sehen sein. Die Tomatenwürfel unterrühren. Die Suppe mit Salz und Pfeffer abschmecken, auf tiefe Teller verteilen und mit je 1 Klecks Sojasahne garnieren. Mit dem Basilikum bestreuen. Dazu schmeckt Baguette oder Ciabatta.

MISO-NUDELSUPPE MIT GEMÜSE

200 g Reisbandnudeln | 2 TL dunkles Sesamöl | 1 frische rote Chilischote | 100 g Tofu natur | 2 Mini-Gurken | 3 Frühlingszwiebeln | 100 g Baby-Spinat | 1,2 l Gemüsebrühe | 3 – 4 EL rote Miso-Paste | 1 EL Sesamsamen | 3 – 4 Stiele Koriandergrün

Leicht und würzig

Für 4 Personen | 25 Min. Zubereitung
Pro Portion ca. 285 kcal, 9 g EW, 6 g F, 46 g KH

1 Die Nudeln nach Packungsangabe zubereiten, in einem Sieb kalt abschrecken und gut abtropfen lassen. Mit dem Sesamöl mischen und beiseitestellen. Inzwischen die Chili waschen, putzen und in feine Ringe schneiden. Tofu in kleine Würfel schneiden. Die Gurken putzen, waschen und in 3 cm lange und 5 mm dünne Stifte schneiden. Frühlingszwiebeln putzen, waschen, weiße und hellgrüne Teile in dünne Scheiben schneiden. Spinat verlesen, abbrausen und trocken schleudern.

2 Die Brühe zum Kochen bringen. Die Miso-Paste mit 2 – 3 EL Wasser glatt rühren, zur Brühe geben und bei mittlerer Hitze ca. 5 Min. kochen lassen. Inzwischen den Sesam in einer Pfanne ohne Fett leicht rösten. Vom Herd nehmen, abkühlen lassen.

3 Nudeln, Gurken, Frühlingszwiebeln, Spinat, Tofu und Chili in die kochend heiße Miso-Brühe geben. Suppe auf Schalen verteilen und mit Sesam bestreuen. Koriandergrün abbrausen, trocken schütteln, Blätter abzupfen und auf die Suppe streuen.

TIPP

Noch würziger wird die Suppe, wenn Sie mit der Miso-Paste 1 – 2 EL getrocknete Wakame-Algen unterrühren und ca. 5 Min. mitköcheln.

ERBSENSCHAUMSUPPE MIT MANDELN

Die sollten Sie sich genüsslich auf der Zunge zergehen lassen: Mandelmus, Sojasahne und Limette machen aus Tiefkühlerbsen eine sanfte, warme Cremesuppe mit Frische-Kick.

600 g TK-Erbsen
1 Zwiebel
4 EL Olivenöl
800 ml Gemüsebrühe
Salz | Pfeffer
½ Bund Petersilie
80 g helles Mandelmus
100 ml Sojasahne (zum Aufschlagen)
½ TL abgeriebene Bio-Limettenschale
1 EL Limettensaft

Aus der Blitzküche

Für 4 Personen | 25 Min. Zubereitung
Pro Portion ca. 405 kcal, 15 g EW, 27 g F, 25 g KH

1 Auf einem Teller 150 g Erbsen zum Antauen beiseitestellen. Inzwischen die Zwiebel schälen und fein würfeln. Das Olivenöl in einem breiten Topf erhitzen und die Zwiebel darin bei mittlerer Hitze glasig dünsten. Die übrigen Erbsen dazugeben und noch ca. 2 Min. mitdünsten. Die Brühe zugießen, salzen, pfeffern und aufkochen. Zugedeckt bei mittlerer Hitze ca. 5 Min. garen.

2 Währenddessen die beiseitegestellten Erbsen mit kochendem Wasser übergießen und ca. 4 Min. ziehen lassen, dann in ein Sieb abgießen und gut abtropfen lassen. Die Petersilie abbrausen, trocken schütteln, die Blätter abzupfen und grob hacken.

3 Die Suppe vom Herd nehmen, Mandelmus, Sojasahne und Petersilie dazugeben und mit dem Stabmixer pürieren, salzen. Die übrigen Erbsen mit Limettenschale und -saft, Salz und Pfeffer würzen. Die Suppe mit dem Erbsen-Limetten-Mix servieren und nach Belieben mit Pul biber (scharfen Paprikaflocken) bestreuen.

VARIANTE

ROTE-BETE-SUPPE MIT KOKOSMILCH

3 Schalotten und 1 Stück Ingwer (ca. 15 g) schälen und klein würfeln. 400 g gegarte Rote Bete (vakuumverpackt) würfeln. Schalotten und Ingwer in einem breiten Topf in 2 EL heißem Öl 1–2 Min. glasig dünsten. Rote Bete ca. 1 Min. mit andünsten. ½ l Gemüsebrühe zugießen und die Suppe bei mittlerer Hitze zugedeckt ca. 5 Min. köcheln. Vom Herd nehmen und das Gemüse fein pürieren. Dann ¼ l Kokosmilch (Dose) unterrühren und die Suppe noch ca. 5 Min. garen. Mit Salz, Pfeffer, 2 EL Sojasauce und 1–2 EL Zitronensaft würzen und vorm Servieren 2 EL Schnittlauchröllchen aufstreuen.

LECKERE HAUPTGERICHTE

Sie machen satt und zufrieden und bringen Abwechslung auf den Teller. Ein klares Ja zur fleischlosen Kost! Wir zeigen Ihnen, welche raffinierten Genüsse entstehen, wenn eine Vegan-Kennerin am Herd geschwind den Kochlöffel schwingt.

GEGRILLTER TOFU MIT PEPERONATA

Der Sommer kann kommen! Mit Knoblauch, Rosmarin und Olivenöl mariniert, dann scharf gebraten: Tofu nimmt gerne Aromen auf und ergibt mit Paprikagemüse eine tolle Mahlzeit.

2 Zweige Rosmarin
2 Knoblauchzehen
6 EL Olivenöl
Salz | Pfeffer
400 g Tofu natur
800 g rote, gelbe und orange Paprikaschoten
2 Zwiebeln
1 Prise Zucker
1 Dose stückige Tomaten (400 g)
4 Stiele Basilikum

Schmeckt nach Süden

Für 4 Personen | 30 Min. Zubereitung
Pro Portion ca. 295 kcal, 14 g EW, 22 g F, 10 g KH

1 Den Rosmarin abbrausen, Nadeln abzupfen und grob hacken. Knoblauch schälen und fein würfeln. Beides mit 4 EL Öl in einer Schale mischen, salzen und pfeffern. Tofu trocken tupfen, in 1 cm breite Scheiben schneiden und rundherum mit der Marinade bestreichen. Mit Frischhaltefolie abgedeckt ziehen lassen.

2 Paprika halbieren, putzen, waschen und in 2 cm große Stücke schneiden. Die Zwiebeln schälen, halbieren und in feine Streifen schneiden. Im übrigen heißen Öl bei mittlerer Hitze 2 – 3 Min. andünsten. Paprika dazugeben und ca. 3 Min. mitdünsten. Mit Salz, Pfeffer und Zucker würzen. Tomaten zufügen, aufkochen und zugedeckt bei mittlerer Hitze ca. 10 Min. schmoren, abschmecken.

3 Inzwischen eine Grillpfanne gut heiß werden lassen. Die Tofuscheiben aus der Marinade nehmen, kurz trocken tupfen und in der heißen Pfanne von beiden Seiten in 5 – 6 Min. braun anbraten. Mit Salz und Pfeffer würzen. Die Basilikumblätter abzupfen, abreiben, grob zerpflücken und auf das Paprikagemüse streuen. Den Tofu mit dem Gemüse anrichten. Dazu schmeckt Ciabatta.

VARIANTE

GEGRILLTER TOFU MIT ZUCCHINI UND TOMATEN

Tofu wie beschrieben marinieren. 4 kleine Zucchini putzen, waschen, längs halbieren und in Scheiben schneiden. 500 g Kirschtomaten waschen. Tofu wie beschrieben braten, herausnehmen und warm halten. Übrige Marinade in der Pfanne erhitzen, Zucchini darin bei mittlerer Hitze ca. 4 Min. anbraten, salzen und pfeffern. Tomaten ca. 5 Min. mitbraten. Gemüse mit 4 EL Aceto balsamico und 6 EL Gemüsebrühe ablöschen, salzen, pfeffern und über dem Tofu verteilen. Mit 2 EL Olivenöl beträufeln und mit Basilikum bestreuen.

MÖHREN-HASELNUSS-SPAGHETTI

Salz | 400 g Spaghetti | 500 g Möhren | 1 Zwiebel | 2 EL Olivenöl | 2 EL Haselnussmus | 200 ml Gemüsefond (Glas) | 200 ml Hafersahne (z. B. Hafer-Cuisine von Natumi) | Pfeffer | 1–2 TL Zitronensaft | ½ Bund Petersilie | 2 EL Sesamsamen | Pul biber (scharfe Paprikaflocken) zum Bestreuen

Mit Schärfe-Kick

Für 4 Personen | 30 Min. Zubereitung
Pro Portion ca. 575 kcal, 14 g EW, 21 g F, 81 g KH

1 Reichlich Salzwasser aufkochen und die Spaghetti darin nach Packungsangabe bissfest garen.

2 Inzwischen die Möhren schälen, längs erst in dünne Scheiben, dann in 3–4 mm feine Spaghetti schneiden. Zwiebel schälen und fein würfeln. Das Öl in einer großen Pfanne erhitzen und die Zwiebel darin bei mittlerer Hitze 2–3 Min. andünsten. Möhren dazugeben und ca. 3 Min. mitdünsten. Das Nussmus einrühren, Fond und Hafersahne zugießen und alles bei milder Hitze ca. 5 Min. kochen.

3 Die Nudeln in ein Sieb gießen, tropfnass in die Pfanne geben und gut untermischen. Mit Salz, Pfeffer und Zitronensaft abschmecken, ca. 5 Min. ziehen lassen. Inzwischen die Petersilie abbrausen, trocken schütteln, die Blätter abzupfen, fein hacken und mit dem Sesam mischen. Nudeln anrichten, mit Sesam-Mix und Pul biber bestreuen.

TIPP

Mit einem Spiralschneider können Sie im Handumdrehen frische Möhrenspaghetti schneiden. Das Gerät funktioniert wie ein Anspitzer: Einfach Möhre reinstecken, drehen, schon sind die feinen Vitaminstreifchen fertig!

DREI-TOMATEN-PASTA MIT SPARGEL

500 g grüner Spargel | 1 Zwiebel | 2 Knoblauchzehen | 100 g getrocknete, in Öl eingelegte Tomaten | Salz | 500 g Penne | 2 EL Pinienkerne | 3 EL Olivenöl | 400 g passierte Tomaten (Dose) | Pfeffer | 200 ml Gemüsefond (Glas) | 250 g Kirschtomaten | 3–4 Stiele Basilikum

Raffinierte Kombi

Für 4 Personen | 30 Min. Zubereitung
Pro Portion ca. 700 kcal, 18 g EW, 26 g F, 97 g KH

1 Den Spargel waschen, im unteren Drittel schälen und die holzigen Enden abschneiden. Spargel schräg in 4–5 cm lange Stücke schneiden. Zwiebel und Knoblauch schälen und fein würfeln. Die getrockneten Tomaten abtropfen lassen, dann in feine Streifen schneiden. Reichlich Salzwasser aufkochen, die Nudeln darin nach Packungsangabe in wenigen Minuten bissfest kochen.

2 Währenddessen eine große beschichtete Pfanne erhitzen und die Pinienkerne darin bei mittlerer Hitze goldbraun rösten, herausnehmen und abkühlen lassen. Anschließend das Öl in der Pfanne erhitzen und Spargel, Zwiebel und Knoblauch darin bei mittlerer Hitze andünsten. Getrocknete und passierte Tomaten zufügen, mit Salz und Pfeffer abschmecken. Mit dem Fond ablöschen und die Sauce bei milder Hitze unter Rühren offen 5–7 Min. kochen lassen.

3 Inzwischen die Kirschtomaten waschen und halbieren. Die Nudeln auf ein Sieb abgießen und kurz abtropfen lassen. Mit den Kirschtomaten in die Sauce geben und noch ca. 1 Min. ziehen lassen. Nochmals mit Salz und Pfeffer abschmecken. Die Basilikumblätter von den Stielen zupfen, abreiben und mit den Pinienkernen auf die Nudeln streuen. Die Pasta sofort servieren.

TOFU-SATÉ MIT ZUCKERSCHOTENHIRSE

Tofu mariniere ich gerne mit Sojasauce, Limette und Sambal oelek und genieße ihn wie in Asien: mit knusprigem Biss vom Grill, würziger Kurkuma-Hirse und Erdnusssauce.

4 EL Sojasauce
2 EL Ahornsirup
1–2 TL Sambal oelek
2 EL Limettensaft
Pfeffer
400 g Tofu natur
1 Stück Ingwer (ca. 20 g)
250 g Zuckerschoten
1 Bund Frühlingszwiebeln
1 EL Öl
200 g feine Hirse
1 TL Kurkumapulver
½ l Gemüsebrühe
180 g Erdnussmus
160 ml Kokosmilch (Dose)
Salz
Öl zum Einfetten
12 Holz- oder Bambus-Saté-Spieße

Superaromatisch

Für 4 Personen | 30 Min. Zubereitung
Pro Portion ca. 650 kcal, 31 g EW, 34 g F, 54 g KH

1 Den Ofengrill oder Backofen auf 250° vorheizen. Sojasauce, Ahornsirup, Sambal oelek und Limettensaft in einer Schale verrühren und pfeffern. Den Tofu trocken tupfen und in 2 cm große Würfel schneiden. In die Marinade legen und darin wenden. Die Holz- oder Bambusspieße wässern.

2 Den Ingwer schälen und fein würfeln. Die Zuckerschoten waschen, größere schräg halbieren. Die Frühlingszwiebeln putzen, waschen und weiße und hellgrüne Teile getrennt in feine Ringe schneiden. Das Öl in einem Topf erhitzen und Hirse, Ingwer und das Weiße der Zwiebeln darin ca. 2 Min. anbraten. Kurkuma einrühren, alles mit der Brühe aufgießen und aufkochen. Dann zugedeckt bei milder Hitze ca. 10 Min. quellen lassen.

3 Inzwischen die Tofuwürfel aus der Marinade heben (Marinade beiseitestellen), abtropfen lassen und auf die Spieße stecken. Ein Stück Alufolie auf den Rost legen und mit etwas Öl bestreichen. Die Tofuspieße darauflegen und im heißen Ofen oder unter dem Backofengrill (oben) 6–8 Min. grillen, dabei einmal wenden.

4 Währenddessen Zuckerschoten und Frühlingszwiebelgrün unter die Hirse heben, noch ca. 5 Min. mitgaren. Erdnussmus, übrige Marinade und Kokosmilch in einem Topf verrühren und bei milder Hitze ca. 1 Min. kochen. Das Hirsegemüse mit Salz und Pfeffer abschmecken. Mit Tofuspießen und Erdnuss-Sauce anrichten.

TIPP **Statt unter dem Ofengrill können Sie die Tofuspieße im Sommer auch draußen auf dem Holzkohle- oder Gasgrill brutzeln. Dazu die Spieße am besten in einer leicht geölten Alugrillschale auf den Rost legen und grillen.**

GRÜNES GEMÜSECURRY

1 kleiner Romanesco (ca. 350 g; ersatzweise Blumenkohl) | 2 kleine Zucchini | 4 Frühlingszwiebeln | 100 g Baby-Pak Choi | 2 EL Öl | 1–2 EL vegetarische grüne Currypaste | 200 ml Kokosmilch (Dose) | 200 ml Gemüsebrühe | 200 g Curry-Mango-Tofu | 1 Dose Kichererbsen (265 g Abtropfgewicht) | Salz | Pfeffer | 1–2 EL Limettensaft | 1–2 TL Speisestärke

Macht glücklich

Für 4 Personen | 30 Min. Zubereitung
Pro Portion ca. 240 kcal, 14 g EW, 12 g F, 19 g KH

1 Das Gemüse putzen und gründlich waschen. Den Romanesco in Röschen zerteilen. Die Zucchini in etwa 1 cm breite Scheiben schneiden. Die weißen und hellgrünen Teile der Frühlingszwiebeln in 3–4 cm breite Stücke schneiden. Den Pak Choi waschen, trocken schleudern und vierteln.

2 Öl im Wok oder in einer großen Pfanne erhitzen, den Romanesco darin 1–2 Min. scharf anbraten. Dann die Zucchini zufügen und 2–3 Min. mitbraten. Die Currypaste untermischen. Die Kokosmilch und die Brühe zugießen und alles bei mittlerer Hitze offen ca. 5 Min. kochen lassen.

3 Inzwischen den Tofu trocken tupfen und in 1 cm große Würfel schneiden. Die Kichererbsen in einem Sieb kalt abbrausen und abtropfen lassen. Beides mit den Frühlingszwiebeln und dem Pak Choi unter das Currygemüse mischen und bei milder Hitze offen noch ca. 3 Min. garen. Das Curry mit Salz, Pfeffer und Limettensaft abschmecken. Die Speisestärke mit 2 EL kaltem Wasser verquirlen, ins Curry rühren und nochmals kurz aufkochen lassen. Dazu schmeckt am besten Basmatireis.

CHILI CON SEITAN

400 g Seitan | 2 Zwiebeln | 2 Knoblauchzehen | je 1 gelbe und rote Paprikaschote | 2 EL Olivenöl | Salz | Pfeffer | 1 EL Chilipulver (Gewürzmischung) | 2 TL Agavendicksaft | 1 Dose geschälte Tomaten (800 g) | 200 ml Gemüsebrühe | 1 Dose Kidneybohnen (250 g Abtropfgewicht) | 1 Dose Maiskörner (285 g Abtropfgewicht) | ½ Bund Koriandergrün | Cayennepfeffer | 200 g Sojajoghurt

Klassiker ganz neu

Für 4 Personen | 30 Min. Zubereitung
Pro Portion ca. 405 kcal, 34 g EW, 10 g F, 45 g KH

1 Den Seitan in kleine Würfel schneiden. Die Zwiebeln schälen und in kleine Würfel schneiden. Den Knoblauch ebenfalls schälen und fein würfeln. Die Paprikaschoten halbieren, putzen, waschen und in etwa 1,5 cm große Stücke schneiden.

2 Das Öl in einem großen Topf erhitzen und Zwiebeln und Seitan darin bei mittlerer Hitze ca. 3 Min. braten. Knoblauch und Paprika kurz mitdünsten. Mit Salz, Pfeffer, Chilipulver und Agavendicksaft würzen. Tomaten samt Saft und Brühe einrühren, aufkochen lassen. Dabei die Tomaten mit einem Kochlöffel zerdrücken und alles zugedeckt noch ca. 5 Min. garen.

3 Inzwischen Bohnen und Mais in einem Sieb kalt abbrausen und gut abtropfen lassen. Zum Eintopf geben und bei milder Hitze ca. 5 Min. mitkochen. Den Koriander abbrausen, trocken schütteln und die Blätter abzupfen. Den Eintopf mit Salz, Pfeffer und Cayennepfeffer abschmecken, anrichten und mit je 1 Klecks Joghurt garnieren. Mit Koriandergrün bestreuen. Dazu passt Baguette.

KICHERERBSENSCHNITZEL MIT KÜRBISGEMÜSE

Eines meiner liebsten Alltagsgerichte: Gebratener Kürbis macht die Kichererbsenbratlinge zum Renner im Herbst. Mit Senfcreme wird es ein rundum sättigendes Vergnügen.

1 Dose Kichererbsen (530 g; oder 2 kleine Dosen)
300 ml Sojasahne
2 TL scharfes Currypulver
Salz | Pfeffer
1 Zwiebel
2 EL Speisestärke
60 g Semmelbrösel
1 kleiner Hokkaido-Kürbis (ca. 800 g)
2 rote Zwiebeln
1 mittelgroßer Lauch
6 EL Olivenöl
200 ml Gemüsebrühe
1 ½ EL körniger Senf
1 – 2 TL Zitronensaft

Herbstliebling

Für 4 Personen | 30 Min. Zubereitung
Pro Portion ca. 780 kcal, 30 g EW, 35 g F, 85 g KH

1 Die Kichererbsen in einem Sieb kalt abbrausen, gut abtropfen lassen und in ein hohes Rührgefäß geben. 150 ml Sojasahne, Currypulver, 1 TL Salz und Pfeffer zufügen und alles mit dem Stabmixer fein pürieren. Die Zwiebel schälen und fein würfeln. Zwiebel, Speisestärke und Semmelbrösel gut unter das Kichererbsenpüree mischen. Die Masse durchkneten und mit angefeuchteten Händen schnell zu zwölf ca. 1 cm dicken Fladen formen.

2 Kürbis waschen, vierteln und Kerne und Fasern herauskratzen. Spalten quer in ca. 5 mm dünne Scheiben schneiden. Die roten Zwiebeln schälen, halbieren und in Spalten schneiden. Den Lauch putzen, längs aufschneiden, gründlich waschen und schräg in 2 – 3 cm breite Stücke schneiden. In einer großen Pfanne 4 EL Öl erhitzen und Kürbis, Zwiebeln und Lauch darin bei mittlerer Hitze unter gelegentlichem Rühren ca. 5 Min. braten. Dann 100 ml Brühe angießen und ca. 5 Min. offen garen. Salzen und pfeffern.

3 Inzwischen je 1 EL Öl in zwei großen beschichteten Pfannen erhitzen. Die Kichererbsenschnitzel darin gleichzeitig bei mittlerer Hitze auf jeder Seite 2 – 3 Min. braten. Herausnehmen und warm halten. Übrige Brühe, restliche Sojasahne und Senf in eine Pfanne geben und unter Rühren 1 – 2 Min. kochen lassen. Mit Salz, Pfeffer und Zitronensaft abschmecken. Das Kürbisgemüse mit Kichererbsenschnitzeln und Senfcreme anrichten. Das Gemüse nach Belieben noch mit 50 g TK-Petersilie bestreuen.

TIPP **Wenn ich Abwechslung brauche, bereite ich die Schnitzel mit Linsen aus der Dose zu: Einfach 2 Dosen Linsen (à 265 g) wie beschrieben in einem Sieb kalt abbrausen, abtropfen lassen und mit den Gewürzen pürieren. Das Kürbisgemüse würze ich orientalisch mit gemahlenem Kreuzkümmel und etwas Zimtpulver. Und den Senf in der Sauce ersetze ich durch Harissa (tunesische Chilipaste).**

ZITRONEN-POLENTA MIT RAHMPILZEN

Zitronenschale und Petersilie geben der Polenta frischen Pep. Sojasahnesauce rundet das Pilzragout auf leichte Art ab. So lecker kann Veganes schmecken, und Sie dürfen schlemmen!

750 g gemischte Pilze (z. B. Champignons, Kräuterseitlinge, Austernpilze)
350 g Kirschtomaten
1 Knoblauchzehe
375 ml Sojadrink
Salz
180 g Maisgrieß (Polenta)
3 EL Olivenöl
1 TL getrockneter Thymian
Pfeffer
3 TL Mehl
180 ml Gemüsebrühe
150 ml Sojasahne
½ Bund Petersilie
abgeriebene Schale von 1 Bio-Zitrone
Olivenöl zum Einfetten

Einfach raffiniert

Für 4 Personen | 30 Min. Zubereitung
Pro Portion ca. 380 kcal, 14 g EW, 16 g F, 43 g KH

1 Die Pilze putzen und bei Bedarf mit einem Tuch abreiben. Große Pilze halbieren, Kräuterseitlinge in Scheiben, Austernpilze in mundgerechte Stücke schneiden. Die Kirschtomaten waschen und halbieren. Den Knoblauch schälen und fein würfeln.

2 In einem Topf den Sojadrink und 375 ml Wasser aufkochen, salzen. Die Polenta einrieseln lassen, aufkochen und unter Rühren bei milder Hitze 1–2 Min. kochen. Eine Schüssel (ca. ¾ l Inhalt) mit Öl einfetten, Polenta einfüllen, glatt streichen und zugedeckt ca. 10 Min. fest werden lassen.

3 Inzwischen in einer Pfanne 2 EL Öl erhitzen und die Pilze darin bei starker Hitze unter Wenden in ca. 3 Min. braun anbraten. Knoblauch und Thymian zufügen, kurz mitdünsten, salzen und pfeffern. Das Mehl darüberstäuben und kurz anschwitzen. Die Brühe und die Sojasahne angießen, alles unter Rühren aufkochen und bei mittlerer Hitze offen ca. 5 Min. kochen lassen. Dann die Tomaten zufügen und erhitzen.

4 Währenddessen die Petersilie abbrausen, trocken schütteln, Blätter abzupfen und fein hacken. Petersilie und Zitronenschale mischen. Die Polenta auf einen Teller stürzen, mit der Petersilienmischung bestreuen und mit dem übrigen Öl beträufeln. In Portionsstücke schneiden und mit dem Pilzragout anrichten.

TIPP **Polenta übrig? Wunderbar! Am nächsten Tag in Stücke oder Würfel schneiden und in einer beschichteten Pfanne in Olivenöl goldbraun braten. Schmeckt prima mit gemischtem Blattsalat und Vinaigrette.**

ASIA-NUDELN MIT BOHNEN-MISO-SAUCE

Salz | 600 g grüne TK-Bohnen | 1 Bund Schnittlauch | 1 Bund Koriandergrün | 100 g helle Miso-Paste (Shiro-Miso) | 1 TL Rohrohrzucker | 1 TL Apfelessig | 300 g japanische Somen-Nudeln (Tipp) | 3 TL dunkles Sesamöl | 1 – 2 EL helle Sojasauce

Japanisch inspiriert

Für 4 Personen | 25 Min. Zubereitung
Pro Portion ca. 460 kcal, 22 g EW, 8 g F, 78 g KH

1 In einem Topf reichlich Salzwasser aufkochen. Die Bohnen darin ca. 5 Min. garen, dann abgießen, kalt abschrecken und gut abtropfen lassen.

2 Inzwischen die Kräuter abbrausen und trocken schütteln. Den Schnittlauch in Röllchen schneiden, die Korianderblätter abzupfen und grob hacken. 1 Handvoll Kräuter beiseitestellen, die übrigen Kräuter in eine Schüssel geben. Zwei Drittel der Bohnen klein schneiden, mit Miso-Paste, Zucker und Essig zu den Kräutern geben und alles gut verrühren. Übrige Bohnen zugedeckt warm halten.

3 Gleichzeitig die Nudeln nach Packungsangabe in Salzwasser garen. In einem Sieb kurz abtropfen lassen und mit 4 – 5 EL Nudelkochwasser, Bohnen-Miso-Sauce und übrigen Bohnen mischen. Mit Sesamöl und Sojasauce würzen. Auf Tellern anrichten und mit den übrigen Kräutern bestreuen.

TIPP

Somen-Nudeln sind japanische dünne Weizennudeln, die vor allem für Nudelgerichte und Salate verwendet werden. Wer sie nicht in der Asia-Ecke im Supermarkt findet oder keinen Asia-Laden in nächster Nähe hat, kann sie durch chinesische Mie-Nudeln ersetzen.

SPINAT-GEWÜRZ-REIS

2 Zwiebeln | 80 g getrocknete Cranberrys | 2 Kardamomkapseln | 4 EL Olivenöl | 1 Zimtstange | 1 TL Kurkumapulver | 300 g Basmatireis | 600 ml Gemüsebrühe | 400 g zarter Blattspinat | 80 g grob gehackte Mandelkerne | Salz | ½–1 TL Harissa (tunesische Chilipaste)

Orientalisch

Für 4 Personen | 30 Min. Zubereitung
Pro Portion ca. 565 kcal, 14 g EW, 22 g F, 75 g KH

1 Die Zwiebeln schälen und in feine Würfel schneiden. Die Cranberrys grob hacken, die Kardamomkapseln zerdrücken.

2 In einem breiten Topf 2 EL Öl erhitzen und die Hälfte der Zwiebeln darin glasig dünsten. Kardamom, Zimt, Kurkuma, Cranberrys und Reis zugeben und alles unter Rühren kurz mitrösten. Danach mit heißer Gemüsebrühe aufgießen, zum Kochen bringen und den Reis zugedeckt bei mittlerer Hitze 12 – 15 Min. quellen lassen.

3 Inzwischen den Spinat verlesen, abbrausen und trocken schleudern. Das restliche Öl in einer großen Pfanne erhitzen und die übrigen Zwiebeln darin glasig dünsten. Die Mandeln und den Spinat zufügen und alles bei mittlerer Hitze 2 – 3 Min. mitdünsten, bis die Spinatblätter zusammengefallen sind. Die Spinatmischung locker unter den fertigen Reis mischen, mit Salz und Harissa pikantscharf abschmecken und sofort servieren.

TIPP

Probieren Sie das Orientgericht auch mal mit anderen kurz garenden Getreidesorten wie Weizenbulgur, Zartweizen oder Hirse statt Basmatireis. Das Gute: Die Garzeit bleibt gleich.

SÜSSE LIEBLINGE

Desserts und Süßspeisen ohne Ei und Sahne? Aber ja! Jetzt haben Seidentofu, Sojasahne und Mandelmus ihren großen Auftritt. Sie bereichern Pudding, Eis, Crumble und Pfannküchlein – und unser Leben. Veganes Glück zum Naschen!

MANGO-HIMBEER-SCHICHTSPEISE

Fruchtig-frisches Mangopüree mit Himbeeren, abwechselnd geschichtet mit sahniger Seidentofu-Creme und knusprigen Haferkeksen. Da geht beim Löffeln die Sonne auf!

1 vollreife Mango
2 EL Limettensaft
2 EL Agavendicksaft
1 ½ TL pflanzliches Bindemittel (z. B. Guarkernmehl)
200 g Himbeeren
200 g Seidentofu
200 ml Sojasahne (zum Aufschlagen)
4 EL Puderzucker
½ TL abgeriebene Bio-Limettenschale
100 g vegane Haferkekse (z. B. schwedische; Tipp)

Cool für Gäste

Für 4 – 5 Personen | 25 Min. Zubereitung
Pro Portion (bei 5) ca. 265 kcal, 6 g EW, 10 g F, 35 g KH

1 Die Mango schälen, das Fruchtfleisch zuerst vom Stein und dann in grobe Stücke schneiden. Mit Limettensaft, Agavendicksaft und ½ TL Bindemittel in ein hohes Rührgefäß geben und alles mit dem Stabmixer glatt pürieren. Die Himbeeren verlesen, falls nötig, kurz abbrausen und trocken tupfen. 50 g Beeren beiseitestellen, die übrigen unter das Mangopüree heben.

2 Den Seidentofu abgießen und mit der Sojasahne, dem übrigen Bindemittel und dem Puderzucker mit den Schneebesen des Handrührgeräts steif schlagen. Die Limettenschale unterheben.

3 Die Kekse mit einem großen Messer oder im Blitzhacker grob zerbröseln. 1 EL Keksbrösel beiseitestellen, den Rest auf Dessertgläser verteilen. Früchte und Seidentofu-Sahne nacheinander in die Gläser schichten, dabei mit dem Mangopüree beginnen und mit Sahne abschließen. Mit den restlichen Himbeeren und Keksbröseln garniert servieren. Das Dessert lässt sich auch prima vorbereiten. Die Zutaten einschichten, zugedeckt im Kühlschrank 2 – 4 Std. aufbewahren. Erst kurz vor dem Servieren mit Himbeeren und übrigen Keksbröseln garnieren.

TIPP **Studieren Sie beim Einkauf genau die Zutatenlisten! Nicht alle Haferkekse sind frei von Inhaltstoffen tierischen Ursprungs. Nicht vegane Zutaten verbergen sich zum Beispiel hinter »Volleipulver«. Wenn Sie im Supermarkt oder Discounter nicht fündig werden, können Sie alternativ Kokos-Zwieback oder vegane Kokos-Kekse aus dem Bioladen für die Schichtspeise verwenden.**

EXOTISCHE FRUCHTSPIESSE MIT KOKOSCREME

½ reife Ananas (ca. 600 g) | 400 g reife Papaya | 1 Bio-Limette | 2 EL Karamellsirup | 1 EL Kokosraspel | 140 ml cremige Kokosmilch (Dose) | 100 ml Sojasahne (zum Aufschlagen) | 2 Pck. Sahnesteif (Tipp) | 40 g Puderzucker | Holzspieße

Schmeckt nach Karibik

Für 4 Personen | 25 Min. Zubereitung
Pro Portion ca. 270 kcal, 2 g EW, 8 g F, 43 g KH

1 Die Ananas putzen, schälen und längs dritteln. Den Strunk aus jedem Drittel herausschneiden und das Fruchtfleisch quer in 2 cm dicke Scheiben schneiden. Die Papaya entkernen, schälen und ebenfalls in mundgerechte Stücke schneiden. Die Ananas- und Papayastücke abwechselnd auf Holzspieße stecken.

2 Die Limette heiß waschen, abtrocknen und 1 TL Schale fein abreiben, 3 EL Limettensaft auspressen. Limettenschale und -saft und Karamellsirup in einer Schale verrühren, die Spieße damit beträufeln und mit den Kokosrapseln bestreuen.

3 Für die Creme von der Kokosmilch oben die dicke Kokoscreme abschöpfen, ohne vorher zu schütteln (die Kokosmilch z. B. für eine Suppe weiterverwenden). Die Kokoscreme mit der Sojasahne und dem Sahnesteif mit den Schneebesen des Handrührgeräts 2 – 3 Min. aufschlagen, dabei den Puderzucker nach und nach einrieseln lassen. Mit 1 – 2 TL Limettensaft abschmecken. Die Fruchtspieße mit der Kokoscreme anrichten.

TIPP

Als Alternative zu Sahnesteif können Sie auch ein pflanzliches Bindemittel zum Aufschlagen für die Kokoscreme verwenden. Im Bioladen sind verschiedene Produkte im Angebot, zum Beispiel Johannisbrotkernmehl, Guarkernmehl oder Pfeilwurzmehl. Mit Sojasahne gemischt eignen sie sich als Sahnestandmittel. 1 gehäufter TL pflanzliches Bindemittel ersetzt 2 Päckchen Sahnesteif und reicht zum Binden.

SOMMERFRÜCHTE-CRUMBLE

250 g Aprikosen | 300 g gemischte Beeren (z. B. Rote Johannis-, Brom-, Erdbeeren) | ½ TL Vanillemark | 2 EL Rohrohrzucker | 2 EL Zitronensaft | 60 g Walnuss- oder geschälte Mandelkerne | 40 g getrocknete Kirschen | 40 g zarte Haferflocken | 4 EL Agavendicksaft | Zimtpulver | 200 g Sojajoghurt natur

Fruchtig und frisch

Für 4 Personen | 20 Min. Zubereitung
Pro Portion ca. 320 kcal, 8 g EW, 11 g F, 45 g KH

1 Aprikosen waschen, halbieren, entsteinen und in Spalten schneiden. Beeren verlesen und, falls nötig, kurz abbrausen, Erdbeeren putzen und vierteln. Aprikosen und Beeren mit Vanille, Zucker und Zitronensaft in einer flachen Schüssel mischen.

2 Nüsse oder Mandeln, Kirschen, Haferflocken, 3 EL Agavendicksaft und ¼ TL Zimt im Blitzhacker oder mit dem Stabmixer so lange zerkleinern, bis die Masse eine streuselige Beschaffenheit hat. Den Streusel-Mix auf den Früchten verteilen. Joghurt mit übrigem Dicksaft verrührt dazu servieren.

HEIDELBEER-MANDEL-SORBET

300 g TK-Heidelbeeren | 1 EL gehackte ungeschälte Mandelkerne | 10 Blätter Zitronenmelisse | 3 EL weißes Mandelmus | 3 EL Agavendicksaft | 1 EL Zitronensaft

Blitzschnelles Sorbet

Für 4 Personen | 20 Min. Zubereitung
Pro Portion ca. 185 kcal, 3 g EW, 8 g F, 25 g KH

1 Die Heidelbeeren in den Behälter des Blitzhackers oder ein hohes Rührgefäß geben und 10–15 Min. antauen lassen. Inzwischen die Mandeln in einer Pfanne ohne Fett goldbraun rösten, vom Herd nehmen und abkühlen lassen.

2 Die Zitronenmelisse abbrausen, 4 Blätter beiseitestellen, den Rest grob zerkleinern. Zitronenmelisse, Mandelmus, Agavendicksaft und Zitronensaft zu den Heidelbeeren geben und alles mit dem Stabmixer zu einem cremigen Sorbet pürieren. Mit einem angefeuchteten Eisportionierer oder Esslöffel Nocken oder Kugeln abstechen und auf vier Gläser verteilen. Mit Mandeln und übrigen Melisseblättern garnieren.

SCHOKOLADENPUDDING

Ein süßer Traum zum Naschen: Zartbitterschokolade und Mandeldrink machen den Pudding zum Lieblingsdessert der Familie. On top ein Sahnehäubchen und Goji-Beeren.

100 g vegane Zartbitterschokolade (mind. 70 % Kakaoanteil)
½ l Mandeldrink
3 EL Speisestärke
2 EL Kakaopulver
50 g Zucker
1 Prise Zimtpulver
100 ml Sojasahne (zum Aufschlagen)
1–2 Pck. Sahnesteif
1 EL getrocknete Goji-Beeren

Fein herb und oberlecker

Für 4 Portionen |
15 Min. Zubereitung |
1–2 Std. Kühlen
Pro Portion ca. 390 kcal,
6 g EW, 19 g F, 49 g KH

1 Die Schokolade grob hacken. 400 ml Mandeldrink in einen Topf geben und langsam erhitzen. 75 g Schokolade zufügen und darin unter Rühren schmelzen lassen.

2 Den übrigen Mandeldrink mit Speisestärke, Kakao, Zucker und Zimt in einer Schüssel glatt rühren. Den Schokoladen-Mandeldrink unter Rühren zum Kochen bringen, die angerührte Stärke-Kakao-Mischung einrühren und alles bei milder Hitze 1–2 Min. köcheln lassen. Dann vom Herd nehmen. Den heißen Pudding in vier Schalen (Inhalt ca. 150 ml) füllen, mit Frischhaltefolie abdecken und 1–2 Std. kühl stellen.

3 Zum Servieren die Sojasahne mit dem Sahnesteif steif schlagen. Die Goji-Beeren grob hacken. Den Pudding mit je 1 Klecks Sojasahne anrichten und mit der übrigen gehackten Schokolade und den Goji-Beeren bestreut servieren.

VARIANTE VANILLEGRIESSPUDDING MIT KIRSCHEN

Dafür 1 Vanilleschote aufschneiden und das Mark herauskratzen. Vanilleschote und -mark mit ½ l Mandeldrink und 3 EL Zucker aufkochen. 100 g Hartweizengrieß unter Rühren einrieseln und bei milder Hitze 2–3 Min. quellen lassen. Vom Herd nehmen, 100 g Seidentofu abgießen und unterrühren. Den Pudding in vier kalt ausgespülte Förmchen füllen. Mit Frischhaltefolie abdecken, abkühlen lassen. Inzwischen 3 EL Zucker goldbraun karamellisieren lassen. 300 g TK-Sauerkirschen dazugeben und zugedeckt bei milder Hitze ca. 5 Min. dünsten, ab und zu umrühren. ½ TL pflanzliches Bindemittel (z. B. Guarkernmehl) zum Binden einrühren. Grießpudding mit den heißen Kirschen servieren.

VANILLEREIS MIT ZIMTZUCKER

1 Vanilleschote | 200 g 20-Minuten-Milchreis | ¾ l Reisdrink | Salz | ¼ l Rhabarbersaft | 6 EL Zucker | 1 EL Speisestärke | 250 g Erdbeeren | 100 ml Orangensaft | 100 ml Reis- oder Sojasahne | 2 TL Zimtpulver

Seelenwärmer

Für 4 Personen | 30 Min. Zubereitung
Pro Portion ca. 495 kcal, 6 g EW, 8 g F, 98 g KH

1 Die Vanilleschote aufschneiden, das Mark herauskratzen. Vanilleschote und -mark mit Reis, Reisdrink und 1 Prise Salz in einem Topf mischen. Alles unter Rühren bei mittlerer Hitze aufkochen und zugedeckt bei milder Hitze ca. 20 Min. quellen lassen, dabei öfter umrühren.

2 Inzwischen den Rhabarbersaft mit 3 EL Zucker aufkochen. Die Speisestärke mit 3 EL kaltem Wasser glatt rühren, in den Saft einrühren und alles noch 2 – 3 Min. köcheln lassen. Die Erdbeeren putzen, abbrausen, je nach Größe halbieren oder in Scheiben schneiden und in den gebundenen Rhabarbersaft geben. Die Grütze vom Herd nehmen und etwas abkühlen lassen.

3 Die Vanilleschote aus dem Milchreis nehmen und 2 EL Zucker, Orangensaft und Reis- oder Sojasahne unterheben. Den Milchreis mit der Grütze anrichten. Den restlichen Zucker mit dem Zimt mischen und obenauf streuen.

TIPP

Den Vanillereis können Sie für zwei Personen als süßes Hauptgericht servieren oder für vier als leckeres Dessert.

PANCAKES MIT APFELSIRUP

100 g Mehl | 2 EL Haferflocken | 1 EL gemahlene Haselnusskerne | 1 TL Backpulver | 1 EL Zucker | Salz | 150 ml Sojadrink | 2 – 3 EL Öl | 2 große saure Äpfel (z. B. Elstar) | 200 ml Apfelsaft | 6 EL Ahornsirup | 3 TL Vanillepuddingpulver

Knusprig und sirupsüß

Für 4 Personen | 30 Min. Zubereitung
Pro Portion ca. 355 kcal, 5 g EW, 11 g F, 56 g KH

1 Den Backofen auf 100° vorheizen. Für den Teig Mehl, Haferflocken, Nüsse, Backpulver, Zucker und 1 Prise Salz in einer Schüssel mischen. Sojadrink und 50 ml Wasser zur Mehlmischung geben und alles mit dem Schneebesen zügig unterrühren.

2 In einer großen beschichteten Pfanne das Öl erhitzen. Pro Pancake 1 – 2 EL Teig hineingeben und bei mittlerer Hitze auf jeder Seite 3 – 4 Min. backen. Auf diese Art ca. 12 Pancakes backen, auf einem Teller im heißen Ofen (unten) warm halten.

3 Gleichzeitig die Äpfel schälen, entkernen und vierteln. Die Viertel längs in dünne Scheiben schneiden. Apfelsaft und Ahornsirup in einem kleinen Topf aufkochen und die Apfelspalten darin bei milder Hitze 2 – 3 Min. dünsten. Das Vanillepuddingpulver mit 2 EL Wasser glatt rühren, in den kochenden Sirup geben. Nochmals kurz aufkochen, bis der Sirup gebunden ist. Mit den Pancakes anrichten, nach Belieben mit Puderzucker bestäuben.

TIPP

Veganer Ei-Ersatz: 1 TL Backpulver, Sojamehl oder Speisestärke und 1 Schuss Wasser machen den Teig statt 1 Ei locker und fluffig. Der Unterschied: Backpulver und Sojamehl lockern und binden, Speisestärke bindet nur.

REGISTER

Damit Sie Rezepte mit bestimmten Zutaten noch schneller finden, sind in diesem Register auch beliebte Zutaten wie **Tofu** oder **Nudeln** alphabetisch eingeordnet und hervorgehoben.

Projektleitung: Sabine Sälzer
Lektorat: Kathrin Gritschneder
Korrektorat: Mischa Gallé
Innen- und Umschlaggestaltung: independent Medien-Design, Horst Moser, München
Herstellung: Renate Hutt
Satz: Kösel, Krugzell
Reproduktion: Repro Ludwig, Zell am See
Druck und Bindung: Schreckhase, Spangenberg
Syndication: www.jalag-syndication.de

1. Auflage 2014

ISBN 978-3-8338-3963-4

www.facebook.com/gu.verlag

GRÄFE UND UNZER

Ein Unternehmen der
GANSKE VERLAGSGRUPPE

Die Autorin

Martina Kittler, Diplom-Ökotrophologin und erfolgreiche Kochbuchautorin, versteht es wunderbar, in ihren fantasievollen und familientauglichen Rezepten die Aspekte Genuss und gesunde Ernährung zu vereinen. In diesem Buch sorgt sie für vegane kulinarische Überraschungen, die blitzschnell gelingen.

Die Fotografin

Anke Schütz arbeitet für namhafte Verlage und Zeitschriften in den Bereichen Food und Lifestyle. In ihrem Studio in Buxtehude setzt sie Kulinarisches mit viel Liebe zum Detail stimmungsvoll in Szene. Bei diesem Buch wurde sie von Diane Dittmer (Foodstyling) und Krisztina Zombori (Requisite) unterstützt.

Bildnachweis

Alle Fotos: Anke Schütz; Autorenfoto: Fotos mit Geschmack

Titelrezept

Drei-Tomaten-Pasta (S. 39)

Umwelthinweis:
Dieses Buch ist auf PEFC-zertifiziertem Papier aus nachhaltiger Waldwirtschaft gedruckt.

QUALITÄTS G|U GARANTIE

Liebe Leserin, lieber Leser,

haben wir Ihre Erwartungen erfüllt? Sind Sie mit diesem Buch zufrieden? Haben Sie weitere Fragen zu diesem Thema? Wir freuen uns auf Ihre Rückmeldung, auf Lob, Kritik und Anregungen, damit wir für Sie immer besser werden können.

GRÄFE UND UNZER Verlag
Leserservice
Postfach 86 03 13
81630 München
E-Mail:
leserservice@graefe-und-unzer.de

Telefon: 00800 / 72 37 33 33*
Telefax: 00800 / 50 12 05 44*
Mo–Do: 8.00–18.00 Uhr
Fr: 8.00–16.00 Uhr
(gebührenfrei in D, A, CH)*

Ihr GRÄFE UND UNZER Verlag
Der erste Ratgeberverlag – seit 1722.

Backofenhinweis:
Die Backzeiten können je nach Herd variieren. Die Temperaturangaben in unseren Rezepten beziehen sich auf das Backen im Elektroherd mit Ober- und Unterhitze und können bei Gasherden oder Backen mit Umluft abweichen. Details entnehmen Sie bitte Ihrer Gebrauchsanweisung.

KLASSISCHE SAUCEN

Damit können Sie glänzen – drei viel geliebte herzhafte Klassiker, die sich nach Geschmack beliebig abwandeln lassen.

BÉCHAMELSAUCE

Für 4 Personen: 1 Zwiebel schälen und fein würfeln. In einem Topf 40 g reine Pflanzenmargarine schmelzen oder 4 EL Öl erhitzen. Zwiebel darin glasig dünsten. 40 g Mehl darüberstäuben und kurz anschwitzen. Mit 200 ml Gemüsebrühe und je ⅛ l Haferdrink und Sojasahne ablöschen und die Sauce unter ständigem Rühren langsam aufkochen. Offen bei milder Hitze ca. 10 Min. köcheln lassen. Mit Salz, Pfeffer, frisch geriebener Muskatnuss und 1 – 2 TL Zitronensaft abschmecken. Die Sauce passt zu Kartoffeln und Gemüse, eignet sich auch für Pizzen, Aufläufe und Gratins. Nach Belieben mit gehackten Kräutern ergänzen.

SAUCE HOLLANDAISE

Für 4 Personen: 400 g Seidentofu abgießen und in einem kleinen Topf bei milder Hitze erhitzen, aber nicht kochen lassen. Dann den Tofu mit ½ TL Senf mit dem Stabmixer glatt pürieren. 6 EL Rapsöl im dünnen Strahl einfließen lassen, dabei ständig weitermixen. Die Sauce mit Salz, Pfeffer und 1 – 2 EL Zitronensaft abschmecken. Sie wird wie das Original zu Spargel serviert, schmeckt aber auch hervorragend zu Artischocken, Brokkoli und neuen Kartoffeln. Das Basisrezept können Sie mit Kräutern, Currypulver oder mit abgeriebener Bio-Orangenschale und Cayennepfeffer variieren. Oder mal mit Ajvar, körnigem Senf oder Pesto abwandeln.

MAYONNAISE

Für 4 Personen: 100 ml Sojadrink, 1 – 2 TL Dijon-Senf, 1 EL Zitronensaft, Salz und Pfeffer in ein hohes Rührgefäß geben und mit dem Stabmixer gut aufschlagen. 100 ml Rapsöl nach und nach in dünnem Strahl langsam einlaufen lassen, bis eine feste Konsistenz erreicht ist. Die vegane Mayonnaise mit Salz, Pfeffer und Zitronensaft abschmecken. Sie passt zu gekochtem Gemüse, Salat und Ofenkartoffeln, auch als Dip zu Rohkost. Gehackte Kräuter, Meerrettich, Ajvar oder Bio-Zitronenschalen sorgen für zusätzlichen Würz-Pep. Für Aioli die Hälfte des Öls durch Olivenöl ersetzen und 2 – 3 zerdrückte Knoblauchzehen unterrühren.